創意小畫家系列

粉　彩　筆

M. Àngels Comella　著

三民書局編輯部　譯

三民書局

© 粉 彩 筆

著 作 人	M. Àngels Comella
譯 者	三民書局編輯部
發 行 人	劉振強
著作財產權人	三民書局股份有限公司
發 行 所	三民書局股份有限公司
	地址 臺北市復興北路386號
	電話 (02)25006600
	郵撥帳號 0009998-5
門 市 部	(復北店) 臺北市復興北路386號
	(重南店) 臺北市重慶南路一段61號
出版日期	二版一刷 2018年2月
編 號	S 940700

行政院新聞局登記證局版臺業字第○二○○號

有著作權‧不准侵害

ISBN 978-957-14-6452-7 (平裝)

http://www.sanmin.com.tw 三民網路書店

Original Spanish title: Pastel
Original Edition © PARRAMON EDICIONES, S.A. Barcelona, España
World rights reserved
© Copyright of this edition: SAN MIN BOOK CO., LTD. Taipei, Taiwan

粉彩筆有各種不同的種類：軟質的，這是我們最常見到的；油性粉彩筆，有點兒像蠟筆；粉彩鉛筆，是被木頭包起來的；硬質的粉彩筆和粉筆，也算是粉彩筆的一種。在這本書裡，我們選用的是軟質的粉彩筆。

你曾經用過粉彩筆嗎？它們是有點兒類似粉末的物質。換句話說，它們是很容易散開來的。用它們來製造濃淡或是做出柔軟的色調 * 是很好用的；但是，你也可以用它們來造成強度高的顏色以及強而有力的筆觸喔！

粉彩筆不僅僅容易使用，而且有很多種的著色方式。你可以買幾盒色系寬廣的粉彩筆。使用粉彩筆的方法多得數不清，甚至可以用它們做出其它材料做不出來的效果呢！

相信你能夠在這本書裡，漸漸的體會到使用粉彩筆的樂趣喲！

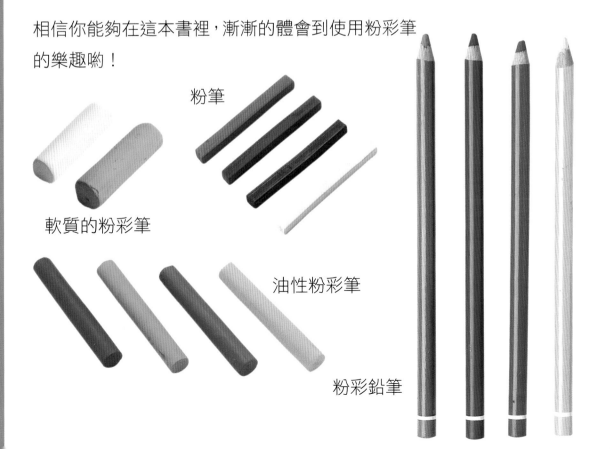

粉筆

軟質的粉彩筆

油性粉彩筆

粉彩鉛筆

這是一盒粉彩筆。 ●

我們要怎麼使用它們呢？

● 我們可以
　用邊緣畫一條線。

● 用拖拉的方法，
　可以大面積著色。

● 也可以用力把粉彩筆的
　一頭往下壓來著色。

● 我們也可以輕輕的畫，
　讓紙張的紋路顯露出來。

● 扭動粉彩筆，會產生
　彎彎曲曲的線條。

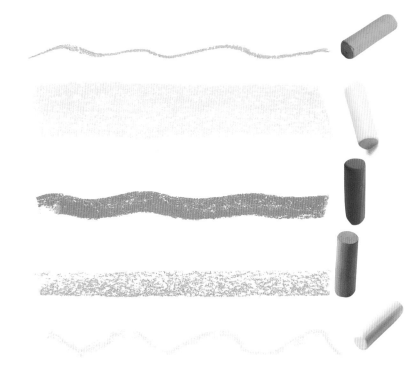

還有……

● 直接著色。

● 我們可以用手指頭、
　棉花或是紙筆＊
　加上濃淡的變化。

● 覆蓋畫的表面。

● 顏色也可以混合在一起喲！

● 把第二個顏色塗在第一個顏色上面，
　會產生上光＊的感覺喔！

● 或是用來覆蓋另外一個顏色。

我們可以利用線條、點、大面積覆蓋，甚至用橡皮或是遮蓋的方法來畫畫。

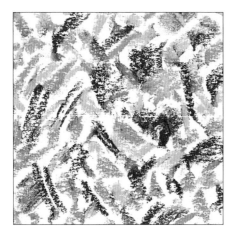

不同方向的短線給人移動的感覺。

我們可以用橫向的線條來填滿整個表面，然後再用手指頭混色。

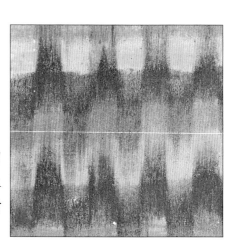

在著色的時候，我們可以利用膠帶遮住不想著色的地方，等畫完以後再移開膠帶。

我們可以用橡皮把背景上的粉彩筆擦掉。

也可以剪出花朵形狀的模板 *，把它放在紙上，等著色以後再移開。

畫材在整幅畫裡占有很重要的角色喲！

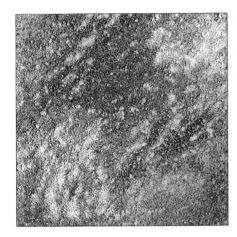

我們可以在砂紙
上畫畫，帶出紙張
的顆粒。

或是在瓦楞紙
上畫畫。

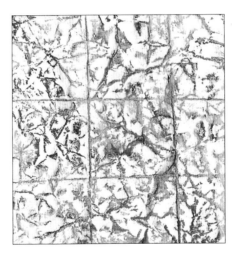

如果在摺疊過、有皺摺
的紙上畫畫，我們就會
看到所有的線條。

粉彩筆也可以和其它的物質混合喔！

混合了油性粉
彩筆的軟質粉
彩筆。

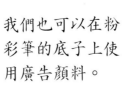

我們也可以在粉
彩筆的底子上使
用廣告顏料。

如果我們把水和粉彩筆一起使用，水會使我們在畫畫的時候，有許多變化的空間喔！

在粉彩筆的背景上使用沾了水的畫筆。

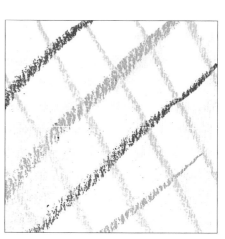

我們可以在溼的紙上畫線條。

或是用噴霧器把整幅畫噴上水。

我們也可以把粉彩筆弄溼，再拿來畫線或是著色。

我們可以拿粉彩筆來做個實驗喔！我們可以試試看這些方法：

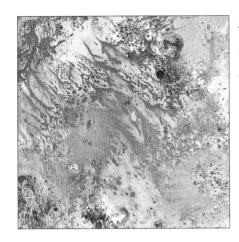

把粉彩筆粉末加一些水，然後塗在布上。

我們在紙上割出幾條線來，塗上顏色，最後用刷子刷過。有割痕的地方，顏色就會比較深喲！

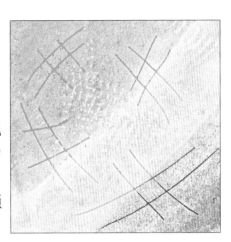

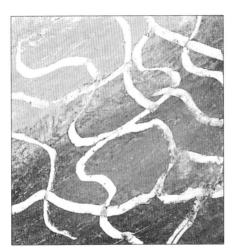

我們在塗有白色蠟筆的表面再塗上一層粉彩，然後刮去上層的粉彩，讓下層的蠟筆露出來。

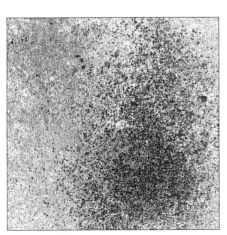

也可以在塗有膠水的地方，撒上粉彩筆的粉末。

在粉彩筆粉末覆蓋的地方，我們可以用手指頭在上面塗來塗去喔！

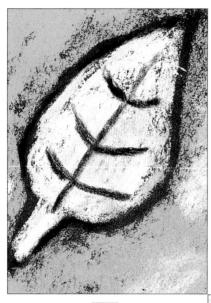

朦朧的……
用手指頭塗抹的
粉彩畫

生硬粗糙的……
砂紙上的粉彩畫

厚重的……
粉彩筆和橡皮

溼潤的……
粉彩筆和水

溫暖的……
粉彩筆和彩色筆

重疊的……
塗在模板上的粉彩

温和的……
石膏板上的粉彩

變換的和發光的……
粉彩筆和白色蠟筆

輪廓不清楚的……
粉彩筆的粉末

平滑的……
模糊的粉彩筆和線條

當然囉!還有上千種不一樣的方法耶!

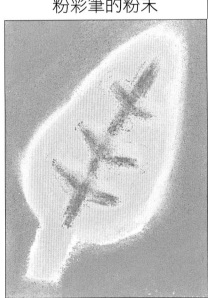

現在,我們就要教你如何利用這裡的範例,把這些葉子一片一片畫出來。

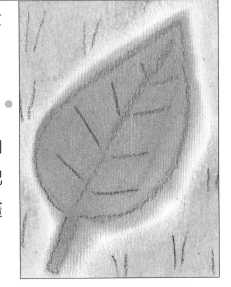

畫在砂紙上的畫，會給人非常質樸的感覺喔！

1 我們在深色的砂紙上使用粉彩筆，物體的周圍不要著色。

2 或是把顏色重疊。用黑色的粉彩筆沿著物體的邊緣描出新的線條來。

3 我們也可以多塗幾層顏色，不斷的修改整張畫，直到出現我們想要的效果。

4
一個正在晒衣服的婦女。這是不是一幅很美好、很熟悉的景像呢？

利用我們的手指頭塗塗抹抹，
可以做出這些多采多姿的效果喲！

1

我們先在深藍
色的卡紙上塗
一層粉彩。

2

然後加上其它
的顏色。

3

再用手指頭來
來回回的塗
抹，最後仔細
的畫上幾朵小
花。

4

哇！一幅魔幻般的夜景！
月光和星光是用白色粉彩筆畫的喲！

粉彩筆有一個好處，就是如果我們使用橡皮擦去粉彩，也是畫畫的一種方式喔！

1

我們在棕色的
卡紙上著色。

2

我們可以把不
同的顏色重疊
在一起。

3

最後，再用橡
皮擦出一條一
條的線條。

4

一個多麼充滿
春天氣息的花
盆啊！因為我
們用橡皮在棕
色的卡紙上擦
出線條來，所
以整個顏色都
變明顯了耶！

我們也可以用粉彩筆在石膏板上著色。

1 用兩種不同色調的粉彩筆在石膏板上塗顏色。

2 然後用手指頭把顏色塗抹開來。

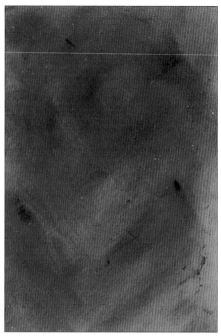

3 重複塗顏色,再用手指頭來來回回的塗抹,最後在上面灑一些些水。

4 利用牙籤或是原子筆蓋,在背景上刮劃出一些線條來。

在泥土色的背景上，有一個遙遠國度的皇后肖像耶！
很有異國的風味吧！

用粉彩筆和模板很容易就可以創造出一幅圖了喲！

1 我們用粉彩筆在卡紙上塗出一個模糊的背景。

2 我們把圖畫在另外一張卡紙上，剪下 A 後移開，留下 B 部分的模板。

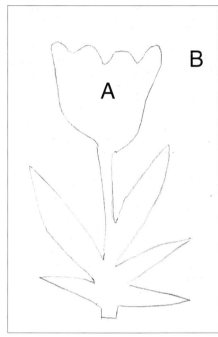

3 再來，把模板放在背景上，然後著色。

4 最後，用刮擦紙張的方法加上一些細部，這幅畫便完成了耶！

5

瞧！用模板做成的
花朵和貓咪，看起
來是不是既敏感又
柔和呢！

21

粉彩筆和白色蠟筆

我們可以把粉彩筆和其它的材料一起使用。

這裡我們選了白色蠟筆。

1 我們用白色蠟筆或別的、非常淺的顏色來畫圖。

2 加上不同顏色的粉彩筆，然後用手指頭塗抹顏色。

3 在星星的部分，我們重複同樣的方法。

4 最後，用手指頭在星星的周圍再稍微擦拭一下下。

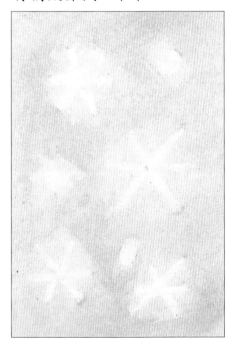

5

一隻帶有星
星的老鷹
耶！這隻在
天空中飛翔
的老鷹，牠
的身體好像
在光芒四射
的天空中改
變顏色了。

如果我們把粉彩筆用水沾溼，就會得到完全不一樣的結果喲！

1

把我們想用的顏色一塊一塊的塗在畫紙上。

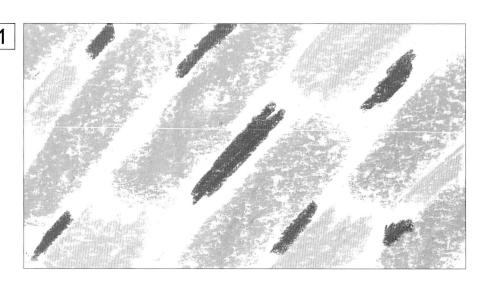

2

我們把畫筆沾溼，然後塗過這些塊狀的顏色。

3

整張畫我們都重複用這個方法。

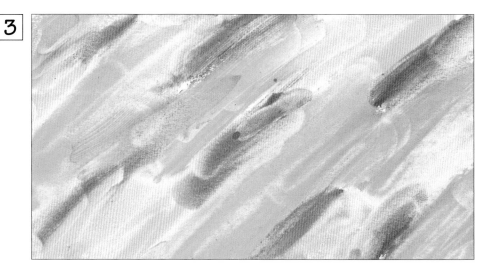

4

哇！一隻淋得
渾身溼答答、
喜歡和人爭吵
的小公雞。

把粉彩筆和彩色筆一起使用，可以創造出非常棒的畫畫效果喲！

1 我們先用粉彩筆畫圖。

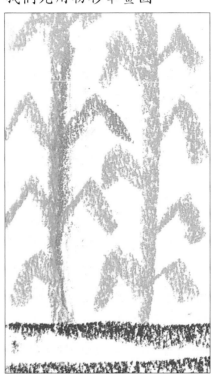

2 再用手指頭塗抹整張畫。

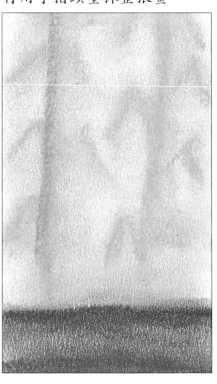

3

最後，使用黑色彩色筆畫出線條來，這幅畫便完成了。

4
加上彩色筆的
線條以後，我
們可就不能後
悔了喲！
小鴨子！下水
吧！

我們把粉彩筆弄碎成細細的粉末，這樣子就有新的著色方法了。

1 我們用廚房的刷子把粉彩筆磨成粉末。

2 然後，用手指頭把粉彩筆的粉末塗在紙上。

3 其他的顏色也用這個方法來著色，整張畫都是喔！

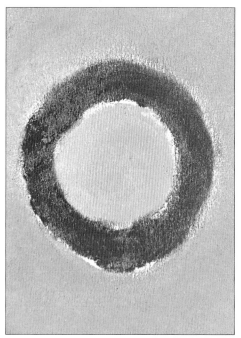

4 我們可以在上面塗一些其他的圖案。

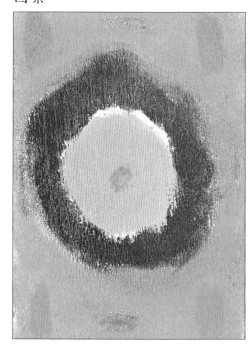

5
當然囉！我們從粉彩筆的粉末裡，創造出許多栩栩如生的圖畫耶！

在同樣的一張畫裡，我們可以把粉彩筆和各種技巧混合使用喔！在這裡，我們用手指頭塗抹顏色和線條來畫畫。

1 我們先塗上一塊一塊的顏色。

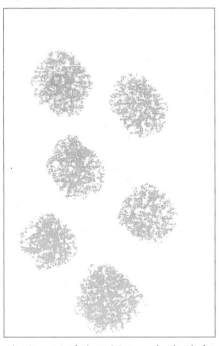

2 再加上一種或更多種的顏色。

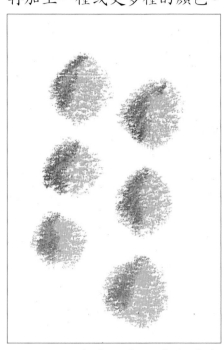

3 然後，用手指頭把一塊塊的顏色塗抹開來。

4 加上一些線條，再用橡皮擦去一點點粉彩，可以產生光亮的感覺喲！

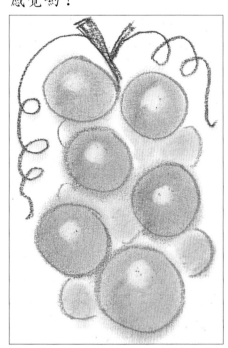

5 好軟、好軟，好像水蜜桃的皮耶！

詞彙說明

色調：同一個顏色由淺到深的等級。

紙筆：用壓縮過、透氣性良好的紙捲成的，一端是尖頭狀，用來塗抹粉彩筆的顏色。

上光：當兩個顏色並排在一起或是混合的時候，顏色因為透明感而變得光滑明亮。

遮蓋：一幅圖中被留下來沒有著色的部分。

模板：可以是紙或是其他的物質，在著色的時候，覆蓋在畫上，露出要著色的部分。

技巧：製作一種東西的方法。

實用的小祕訣

粉彩筆是剝落最快的材料之一。單單只是因為時間的流逝或是用手輕輕觸摸，顏色便幾乎會全部被擦掉，或是混在一起。所以我們特別建議小朋友，在畫完畫的時候，或是在畫畫的過程當中，最好使用保護膠喔！

我們也要避免在畫畫的時候，把手放在畫上面，不然顏色就會混在一起了。我們可以利用吹氣的方法來吹走畫上的灰塵。

在保存粉彩筆的時候，盒子裡要放一些米粒或是小顆的保麗龍，這樣子粉彩筆彼此不會接觸，也就不會互相弄髒了。用砂紙輕輕的在粉彩筆上磨擦，便可以清除髒汙的部分。

粉彩筆在粗糙的表面上會附著得比較好。相反的，在平滑的紙上，它們便很難固定住。